글 조소정

자연환경과 생태, 여러 동물에 관심이 많아요. 대학에서 역사를 전공하였고, 대학원 문예창작학과에서 아동문학을 전공하여 석사학위를 받았어요. 2002년 아동문예문학상에 동시가 당선되어 작품 활동을 시작하였어요. 2009년에는 동화로 한국안데르센상 은상을 수상하였지요. 지은 책으로 동시집 《여섯 번째 손가락》, 《중심잡기》, 《양말이 최고야》가 있으며 《중심잡기》는 〈2014년 세종도서 문학 나눔 우수도서〉로 선정되었어요. 동화집은 《쿰바의 꿈》, 《빼빼로데이》, 《나는 앨버트로스다》가 있으며 그림책으로 《수중 발레리나가 된 수달》이 있어요. 《쿰바의 꿈》은 한국 도서관협회 〈2012 우수 문학도서〉로 선정되었어요. 반려견 행복이와 함께 공원 산책을 즐기며 글을 열심히 쓰고 있답니다.

그림 신외근

경희대학교 미술교육과를 졸업한 후 광고회사에서 디자이너와 아트 디렉터로 일했어요. 여러 대학에서 광고 디자인 강의를 했으며 스토리보드 광고 일러스트레이터로 활동하고 있어요. 그린 책으로는 동시집 《여섯 번째 손가락》, 《할아버지의 발톱》, 《우리 것이 딱 좋아》가 있어요. 동화집으로 《빼빼로데이》, 《백두산 검은 여우》, 《나는 앨버트로스다》가 있어요. 그림책으로는 《수중 발레리나가 된 수달》이 있지요. 다양한 책에 아름다운 그림을 그려 어린이들에게 즐거움을 주고 있답니다.

기후변화에 관심을 가져야 하는 12가지 이유

조소정 글 · 신외근 그림

1판 1쇄 2020년 3월 20일
1판 2쇄 2022년 5월 10일

펴낸이 모계영　**펴낸곳** 가치창조

출판등록 제406-2012-000041호
주소 서울시 종로구 사직로 8길 34, 1104호(내수동, 경희궁의아침 3단지 오피스텔)
전화 070-7733-3227　**팩스** 02-303-2375　**이메일** shwimbook@hanmail.net
ISBN 978-89-6301-187-5 77330

ⓒ 조소정, 신외근 2020

- 이 책의 저작권은 저자와 가치창조 출판그룹에 있습니다.
- 저작권법에 따라 무단전재 및 복제를 금합니다.

가치창조 공식 블로그 http://blog.naver.com/gachi2012
단비어린이는 가치창조 출판그룹의 어린이책 전문 브랜드입니다.

 제조자명: 가치창조　제조국명: 대한민국　사용연령: 7세 이상
KC마크는 이 제품이 공통안전기준에 적합하였음을 의미합니다.

작가의 말

지구가 불타고 있어요!

여러분, 최근 전 세계인이 안타까워했던 호주 산불에 대해 알고 있나요?
2019년 9월부터 시작된 산불이 해를 넘겨 2020년까지 이어졌지만 속수무책이었어요. 그러다 2월에 내린 큰 비로 겨우 산불이 진화되었지요.
무려 6개월여 동안 이어진 산불로 우리나라보다 더 큰 면적이 잿더미가 되었고, 약 10억 마리의 야생동물과 33명의 사람이 목숨을 잃었어요. 호주의 상징인 코알라는 움직임이 느려 불길을 피하지 못해 약 8,000마리가 죽었고 멸종 위기에 빠지게 되었다고 해요. 코알라뿐만 아니라 수많은 야생동물들이 삶의 터전을 잃었지요.
호주 산불이 일어난 원인에 대해 여러 의견이 있지만, 기후변화의 영향으로 35도에 이르는 고온 건조한 날씨와 장기 가뭄이 그 주된 원인으로 꼽히고 있어요. 여기에 강한 바람까지 더해져 산불이 쉽게 잡히지 않고 거세게 번져 나간 것이죠.

지구가 더워지면서 지구 곳곳에서는 가뭄과 산불 같은 자연재해가 발생하고 있어요. 2019년만 해도 '지구의 허파'라 불리는 브라질의 아마존 밀림이 산불로 상당 부분 불탔어요. 가까이는 우리나라 강원도 인제군, 고성군, 속초시, 강릉시, 동해시에 잇따라 대형 산불이 발생했어요. 그 피해는 고스란히 사람과 동물의 몫이 되었어요.

지구가 더워지는 '기후변화'로 생기는 이러한 자연재해는 말 그대로 자연적으로 발생한 것이지만, 원인을 찾아보면 우리 인간과도 관련이 있어요. 보다 편리하고 풍족한 삶을 위해 했던 인간의 많은 활동들이 지구를 덥게 하는 데 영향을 준 것이지요. 그렇기 때문에 우리의 관심과 노력으로 이러한 자연재해를 막는 데 힘을 보탤 수도 있어요. 이것이 우리가 기후변화에 관심을 가져야 하는 이유예요.

자, 그럼 기후변화의 영향과 우리가 할 수 있는 일이 무엇인지 지금부터 함께 살펴볼까요?

하나, 기후변화는 우리 일상을 바꿔 놓아요

'기후'란 어떤 지역에서 일정한 기간 동안 날씨 변화를 관찰하여 평균을 낸 것을 말해요. 한 지역의 평균 기상 상태를 의미하지요. 그런데 기후가 자연적 요인 혹은 인위적 요인으로 점차 변하게 되는데, 이를 '기후변화'라고 해요. 자연적 요인은 화산활동, 해양 변동 등이 있어요. 인위적 요인은 사람에 의한 것으로 여러 가지가 있어요. 공장에서 배출하는 가스, 자동차 같은 운송수단에서 나오는 가스, 자연 개발로 숲이 사라져 지구 자체의 정화 기능이 떨어지게 된 것 등이지요. 가축 사육으로 인한 메탄가스의 증가도 인위적 요인이 될 수 있어요.

이렇게 배출되는 가스가 지구의 평균 기온을 올린다고 해서 '온실가스'라 부르는데, 이러한 온실가스의 영향으로 지구의 기후는 오랫동안 유지해 왔던 기후에 갑작스런 변화를 종종 맞닥뜨리게 되었어요. 여름에 40도를 넘는 폭염이 생기거나, 물난리, 태풍, 가뭄, 허리케인 등 이상 기후가 번갈아 발생하면서 이를 예측하지 못한 사람과 동물들이 피해를 겪게 됩니다. 또한 지금까지 겪지 못했던 날씨의 변화로 일상의 많은 것들이 바뀌게 되지요. 또 앞으로도 어떤 변화가 생길지 모르니 기후변화에 관심을 가져야 해요.

둘, 지구가 더워지는 온난화 현상이 생겨요

지구의 온도를 높이는 온실가스는 사실 꼭 필요한 양만큼만 있으면 매우 유익한 것이에요. 공기 중에 매우 적은 양이지만 일정 온도를 유지하는 온실 역할을 해 주기 때문이지요. 이것이 지구에서 생명체가 살기에 적합한 온도를 유지시켜 주거든요. 수증기, 오존, 메탄, 이산화탄소 등이 그러한 역할을 하는 온실가스예요.

문제는 이 온실가스가 너무 많아지는 것이에요. 인구가 늘어나고 과학기술이 발달하면서 사람들은 더 많은 먹을거리와 생활에 필요한 많은 물품들을 필요로 하게 되었고, 더 편리한 생활을 원하게 되었지요.

그러기 위해 공장을 가동하고, 교통수단이 증가하고, 대규모로 식량을 생산하고, 삶의 터전을 넓혀 나가며 자연환경도 많이 파괴되었어요. 또한 지금은 전기 없이 살 수 없는데, 이 전기를 생산할 때 온실가스인 이산화탄소가 많이 나와요.
이처럼 우리가 생활하는 거의 모든 영역에서 온실가스를 발생시키니 온실가스가 필요 이상으로 많아지고, 지구가 더워지는 '지구 온난화' 현상이 생기게 되지요.

셋, 엘니뇨와 라니냐 현상이 나타나요

엘니뇨와 라니냐가 뭐냐고요? 쉽게 말하면 너무 더운 것과 너무 추운 것이라 할 수 있겠어요.

엘니뇨는 열대지방의 태평양 해수면 온도가 평소보다 0.5도 이상 올라간 상태가 5개월 이상 지속되는 현상을 말해요. 엘니뇨는 스페인어로 '아기 예수'라는 뜻인데, 주로 크리스마스를 전후로 이런 현상이 발생했기 때문에 이렇게 이름을 붙였다고 해요.

히틀러의 군대가 러시아에서 돌아가야 했던 이유가 엘니뇨가 대기 순환에 영향을 미쳐 한파를 몰고 왔기 때문이래요.

라니냐는 반대로 적도 동태평양의 해수면 온도가 평년보다 0.5도 이상 낮은 상태로 6개월 이상 지속되는 현상을 말해요. 지구 온난화 현상으로 남극과 북극의 빙하가 녹으면서 해수면 온도가 낮아지는 것이지요.

이러한 기후변화로 비가 많이 내리던 동남아시아 열대우림이 가뭄으로 말라가기도 하고, 사막에 비가 쏟아져 꽃이 피기도 해요. 또 높아진 온도에 건조해져서 곳곳에서 불이 나 자연환경이 많이 사라지기도 하고요. 그것이 자연 스스로의 정화력을 잃게 해 기후변화의 악순환을 만들기도 하지요.

넷, 땅과 호수가 말라 가요

아프리카에 있는 사헬 지대는 열대 지역과 사하라 사막의 중간 지역인데, 이 사헬 지대가 기후변화로 물과 식량이 부족해지자 부족 간에 싸움이 많아졌어요. 기후변화가 심하기 전에는 비가 많이 내려 농사가 잘 되었는데, 지구 온난화로 비가 자주 오지 않고 가뭄이 지속된 것이지요. 땅은 말라서 점점 사막으로 변해 가고 있어요. 아이들은 먹을 것이 부족해 영양실조에 걸리고요.

차드 호수는 아프리카 대륙의 여러 나라에 걸쳐 있는 큰 호수예요. 한때 세계에서 6번째로 큰 호수로 꼽힐 정도였지만, 역시 기후변화로 강수량이 줄어들고 각종 용도로 사람들의 사용량은 늘어나면서 호수의 크기가 눈에 띄게 줄어들고 있어요. 호수 안에 수많은 생명들이 살고 있고, 또 아프리카 대륙의 여러 나라 사람들이 이 호수에 의지하고 있는데, 호수가 점점 줄어든다면 어떻게 될까요?

다섯, 생명이 자라기 힘든 사막이 많아져요

현재 지구상에는 육지 면적의 10퍼센트 정도가 사막이에요. 그런데 덥고 건조해진 기후로 사막이 빠른 속도로 늘어나고 있어요. 사막은 생명이 자라기 힘든 땅이지요. 우리나라에는 사막이 없지만, 중국 북부와 몽골에는 넓은 사막이 있어요. 거리상 우리나라와 굉장히 먼 것 같지만, 이 사막의 모래가 바람을 타고 중국을 거쳐 우리나라까지 온답니다. 우리가 봄철마다 걱정하는 황사 현상이 바로 사막에서 오는 것이에요.

그런데 이 사막이 매년 서울보다 더 큰 면적만큼 늘어나고 있다고 해요. 그렇다면 매년 발생하는 황사의 양도 그만큼 늘어나겠지요. 이런 사막화를 막으려면 식물을 많이 심어야 해요.

2009년에 우리나라의 고양시가 몽골의 돈드고비 주와 결연을 통해 '숲 만들기'를 시작했는데, 사막에서도 잘 살아남을 수 있는 비술나무, 미루나무 등을 심었어요. 10만여 그루 중 70퍼센트 정도가 살아남아 '고양이투글(고양이숲)'이 생겼지요.

우리나라엔 사막이 없지만, 먼 나라의 사막이 우리나라 국민의 건강과 삶에도 영향을 미치기 때문에 이런 숲 만들기를 한 거지요. 그러므로 기후변화는 우리나라에서 생기는 일이 아니어도 관심을 가져야 하는 것이랍니다.

여섯, 기온이 높아지면 전염병이 많이 발생해요

우리나라에선 여름에 모기가 많이 활동을 하지요. 모기는 더운 환경에서 사는 곤충인데, 모기와 같은 병해충들은 사람과 동물에게 병을 옮기기도 해요. 지구의 온도가 높아질수록 이러한 곤충들이 더 활발하게 활동을 하게 되니 전염병이 발생할 위험이 더 높아지겠지요.

지구 온도가 1도 올라가면 전 세계에 열대성 전염병이 번지기 시작하고, 3도 올라가면 세계 인구의 65퍼센트가 말라리아에 걸릴 수 있다고 해요.

지구 온난화로 이런 전염병에 걸려 목숨을 잃는 사람들이 전 세계적으로 점점 늘어나고 있어요. 게다가 우리나라처럼 인구 밀집도가 높아 아파트와 빌라가 많은 경우 실내 온도가 높게 유지되어, 여름에만 살던 모기가 봄, 가을, 겨울에도 종종 나타나지요. 전염병의 위험이 높아지면 사람과 동물 모두에게 위험해지니 기후변화로 인한 기후 온난화가 더 진행되지 않도록 방법을 찾아야겠지요?

반대로 온도가 낮아지면 사람들의 면역력이 떨어져 독감 바이러스가 유행을 해요. 해마다 많은 사람들이 독감으로 목숨을 잃고 있지요. 전 세계를 공포에 몰아넣은 '코로나19 바이러스'도 기후변화와 환경의 변화로 인해 바이러스를 품고 있던 동물들의 활동 시간과 지역이 변경되어 발생되었다는 주장도 있어요.

심장사상충 예방접종하러 가자.

일곱, 농작물이 자라지 못해 식량이 부족해져요

앞에서 기후변화로 전염병과 질병 위험이 높아진다고 했었죠? 이건 사람이나 동물에게뿐만 아니라 식물에게도 영향을 준답니다. 농작물도 잘 자라지 못하고 병들어 생산량이 줄어들게 되거든요.

인구는 그대로인데 식량이 줄어들면 쌀과 같은 농작물을 직접 생산하지 못하는 나라에선 식량난이 생기겠지요. 현재 우리나라의 식량자급률은 경제협력기구 회원국 중 최하위 수준이라고 해요.

기후 변화 땜에 농작물이 다 병들었네

쌀은 100퍼센트 자급할 수 있지만, 다른 곡물은 95퍼센트를 수입에 의존하고 있으니, 식량이 부족해질 때는 굉장히 비싼 가격을 주고 구할 수밖에 없을 거예요. 그러면 상대적으로 가난한 사람들은 제대로 먹지 못하는 안타까운 상황이 생기겠지요.

여덟, 자원이 부족해져서 나라 간에 싸움도 생겨요

아프리카 수단 남부의 다르푸르 지역에서 일어나고 있는 다툼의 원인이 '사막화' 때문이라는 걸 알고 있나요? 기후변화로 가뭄이 심해지고 사막화가 빠르게 진행되자 예전엔 농작물이 자라던 땅도 더 이상 쓸모가 없어진 거예요. 그러자 유목민들이 물과 목초지를 찾아 이동하고, 토착민을 약탈하기도 하면서 분쟁이 일어난 거지요. 중앙아시아 지역에서도 사막화로 터전을 잃은 사람들이 점점 이동하면서 분쟁과 폭력 사태가 끊이지 않고 있어요.

기온이 올라가고 가뭄이 생기고 물이 부족해지니 강이 두 나라 이상을 거쳐 흐르는 경우 물값 상승으로 전쟁이 일어날 가능성도 높아진다고 해요.

아홉, 바다에 잠겨 사라지는 나라가 생길지도 몰라요

지구 온난화 현상으로 지금도 남극과 북극의 얼음이 조금씩 녹고 있어요. 바다를 덮고 있는 얼음인 '해빙'은 사냥과 수영으로 지친 북극곰과 펭귄, 물범 등의 쉼터이자 삶의 터전인데, 이 공간이 점점 사라지고 있는 거지요. 해빙이 녹아 쉴 곳이 부족해지자 어떤 곰은 먹이를 찾아 헤엄치다 지쳐 바다에 빠져 목숨을 잃기도 해요. 또 북극 얼음이 녹아내리면서 해수면이 50cm 높아져 물에 잠긴 나라도 있어요. 바로 남태평양 적도 가까이에 있는 투발루라는 섬나라예요. 투발루는 2001년에 국토 포기 선언을 했어요. 평균 해발고도가 낮아 머지않아 국토 전체가 물에 잠길 것이므로, 투발루의 국민들은 뉴질랜드로 순차적으로 이주를 하고 있지요.

인도 남서쪽에 있는 몰디브도 해수면 위로 솟아 있는 땅의 높이가 1미터도 되지 않아 100년 안에는 전 국토가 사라져 버릴 거라고 해요.

아름다운 자연환경으로 세계적인 관광지였던 투발루와 몰디브가 사라질 날이 얼마 남지 않았다니, 정말 안타까운 일이에요. 북극의 얼음이 계속 녹아내리면 우리나라는 어떻게 될까요?

열, 멸종되는 식물과 동물이 많아져요

지구의 평균 기온이 2~3도 이상 올라가면 전체 동식물의 사분의 일 이상이 멸종 위기에 놓이게 된다고 해요.

캐나다 북부에서 미국 서부까지 뻗어 있는 록키산맥에선 나무들이 앙상하게 말라 가는 현상이 생겼어요. 이유는 딱정벌레 때문인데, 원래 소나무에서 서식하던 딱정벌레가 기온이 따뜻해지면서 그 수가 많이 늘어나자 소나무가 딱정벌레에 점령당해 죽어 버린 거예요. 그러자 딱정벌레들이 잣나무로 이동해 잣나무도 위기에 놓인 거지요. 잣나무는 까마귀와 다람쥐, 곰 등 숲속의 동물들에게 먹이와 보금자리를 제공했는데, 이제 잣나무가 줄어들고 있으니 이 동물들도 위기에 처하게 되었어요.

기후변화로 늘어나는 곤충도 있지만, 멸종 위기에 처한 동식물 100만 종 가운데 절반을 곤충이 차지하고 있다고 해요. 그러면 곤충을 먹이로 하는 새와 야생동물들 역시 먹을거리가 없어 멸종 위기에 몰릴지도 몰라요. 일부 과학자들은 곤충이 사라지면 인류에게 재앙이 올 수 있다고 해요.

열하나, 기후 난민이 생기고 있어요

기후변화를 원인으로 삶의 터전을 잃어 거주지를 옮겨야 하는 사람들을 '기후 난민'이라고 해요.
기상 이변이 증가하면서 전 세계적으로 기후 난민이 생겨나고 있어요.

방글라데시는 더운 나라지만 온난화의 피해를 보고 있어요. 다른 나라들보다 땅의 높이가 낮아 비가 많이 오면 바닷물이 넘어와 마을 전체가 물바다가 되기도 하는데, 온난화로 빙하가 녹고 여기에 비까지 내리면서 바닷물과 강물이 함께 넘쳐흘러 매년 홍수를 겪고 있지요.
온난화가 계속 이어지면 방글라데시의 국민들은 새로운 보금자리를 찾아 떠나야 할 거예요.
몽골에서는 극심한 기후변화로 사막화가 빠르게 진행되어 60만 명에 달하는 유목민들이 수도 울란바토르로 이주하기도 했지요. 또 앞에서 이야기한 투발루의 국민들이 뉴질랜드로 이주한 것도 모두 기후변화의 영향으로 거주지를 잃고 이동한 사례지요.

열둘, 우리의 노력으로 기후변화를 막을 수 있어요

지구가 더워지는 온난화와 이로 인한 기후변화는 인류가 좀 더 편리하고 풍족한 생활을 위해 변화하고 발전해 온 발자취의 부작용 중 하나라고 할 수 있어요. 좀 더 잘살기 위한 노력들이 인류의 삶을 오히려 위협할 수 있다는 걸 알았으니, 이제 그러한 부작용을 줄이기 위해 전 세계 모든 나라 모든 국민들이 함께 노력해야 해요.

우리 어린이들은 무엇을 할 수 있을까요?

첫째, 소비를 줄이는 것이에요.

꼭 필요한 물건만 사고 사용하지 않는 물건은 나누고 교환하여 재사용하면, 물건을 더 많이 생산하기 위해 공장을 가동하지 않아도 되니까 온실가스 배출량도 줄어들 거예요. 분리수거를 잘하는 것도 도움이 된답니다.

둘째, 고기를 적당히 먹어요.

물론 성장기의 어린이들은 고기를 통해 단백질을 섭취해야 하지만, 과하게 먹지 않는 것이 중요해요. 가축들이 뿜어내는 방귀와 트림에서 발생하는 메탄가스도 지구의 온난화에 18퍼센트나 영향을 미친다고 해요. 또 사료 재배를 위해 숲이 농장으로 바뀌는 등 자연환경이 많이 훼손되고 있지요.

셋째, 겨울에 실내 온도를 1도만 낮추어요.

실내 온도를 높여 주는 보일러는 대부분 온난화에 직접적 영향을 끼치는 화석연료를 사용해요. 그러니 모든 사람들이 겨울철에 실내 온도를 1도만 낮추어도 공기 중의 이산화탄소를 상당히 많이 줄일 수 있어요.

넷째, 걷거나 자전거를 이용해요.

자동차에서 나오는 배기가스도 온난화의 원인이니 가까운 곳은 걷거나 자전거를 이용하면 좋겠지요?

다섯째, 전기를 아껴 써요.

전기를 만들기 위해 화석 연료가 많이 쓰이고, 이산화탄소 배출이 많아지니 생활 속에서 절전을 실천하는 노력이 필요해요.

여섯째, 일회용품 사용을 줄여요.

종이컵이나 빨대, 플라스틱 컵 등은 쓰고 버리기 편리해서 많이 사용하지만, 지구에는 쓰레기가 넘쳐나고 있어요. 이런 일회용품 사용을 줄인다면 쓰레기를 태우고 매립하는 데 드는 비용도 줄일 수 있고, 환경오염도 막을 수 있어요.

알아두면 좋아요

1. 그린피스

1971년 태평양에서 미국이 핵 실험을 하려는 것에 반대하기 위해 결성된 국제적인 민간 환경보호단체예요. 네덜란드의 암스테르담에 본부를 두고 있어요. 2002년 기준으로 전 세계 39개국에 43개의 지부가 있으며 160여 개 나라 300만 명의 회원이 내는 기부금으로 운영되는 가장 영향력 있는 환경단체지요.

1996년 유엔 총회에서 <포괄적 핵 실험 금지 조약>이 결의되는 데 크게 기여했어요.

멸종 위기에 있는 고래와 바다표범을 남획으로부터 보호하며 독성이 있는 화학 폐기물이나 방사능 폐기물의 해양 투기를 막고, 핵무기 실험 반대 운동에 힘을 기울였어요.

그린피스는 직접적이고 비폭력적인 행위를 주요 수단으로 삼아요. 포경선의 작살 총과 고래 사이를 작은 배로 막거나 해양 투기 파이프들을 막아 버리는 것과 같은 행동을 벌이지요.

그린피스의 이런 행동은 대중매체에 소개되면서 환경 파괴 행위에 대항하는 여론을 만드는 데 도움을 주었어요.

2. 정부 간 기후변화 위원회(IPCC)

IPCC는 1988년에 세계기상기구와 유엔환경계획에 의해 세워진 국제 기구예요. 국가 간에 기후변화 대책을 협의해요. 이 기구는 전 세계의 수많은 과학자가 머리를 맞대어 지구 온난화와 기후변화에 관련된 여러 가지 자료를 분석하여 그 정보를 서로에게 제공하는 것을 목적으로 만들어졌어요. 1990년 이후 5~6년 간격으로 기후변화 평가 보고서를 발표하고 있어요.

3. 기후변화에 관한 유엔 기본 협약

지구 온난화 방지를 위해 온실가스의 인위적 방출을 규제하려는 협약으로 '리우 환경협약'이라고도 해요. 1987년 기후변화에 관한 정부 간 패널을 결성하고 1990년 기본적 협약을 체결하고 1992년 6월 리우회담에서 채택되어 1994년 3월 21일부터 공식적으로 발효되었어요. 한국은 1993년 12월 47번째로 가입했어요.

알아두면좋아요

4. 사막화 방지 협약

심각한 가뭄 또는 사막화를 겪고 있는 일부 국가들의 사막화 방지를 위한 국제 연합 협약을 말해요. 국제적 노력으로 사막화를 막고 심각한 가뭄 및 사막화, 토지 황폐화 현상을 겪고 있는 개발도상국을 재정적으로나 기술적으로 지원하기 위한 협약이에요.
1994년 제49차 유엔 총회에서는 <사막화 방지 협약>을 정하고 6월 17일을 '사막화 방지의 날'로 정해 이를 기념해요.

5. 교토 의정서

1997년 12월에 세계 각국 지도자들이 일본 교토에 모여 온실가스 배출을 줄이자고 약속을 했어요. 유엔 기후변화 협약을 이행하기 위해 만들어진 국가 간 이행 협약으로 '교토 기후 협약'이라고도 해요.
가입국 가운데 일부 국가들이 2012년까지 온실가스 배출량을 1990년의 5.2퍼센트 수준으로 줄여야 한다는 구체적인 의무사항을 내놓았어요.
쿄토 의정서에서 온실가스 감축 목표가 정해짐에 따라 온실가스 배출권거래제도와 공동이행제도, 청정개발제도를 도입했어요. 배출권거래제도는 어느 국가가 할당량 미만으로 온실가스를 배출하게 되면 그 여유분을 다른 국가에 팔 수 있고, 반대로 할당량을 초과하여 배출하는 국가는 초과분에 해당하는 배출권을 다른 국가로부터 사들이도록 한 것이지요.

6. 파리 기후변화 협약

2020년 만료되는 교토 의정서를 대체하기 위해 2015년 11월 파리에서 열린 제21차 유엔 기후변화 협약 당사국 총회에서 195개국의 합의로 마련되었어요. 기후변화와 관련해 사실상 전 세계의 모든 국가가 참여한 첫 번째 협약이지요.

가장 큰 목표는 산업혁명 이전보다 지구의 온도를 섭씨 2도 이상 상승하지 못하게 하자는 것이지요. 이에 따라 195개국은 각국의 사정에 맞추어 온실가스 감축 방안을 자율적으로 세운 후, 5년마다 목표를 조금씩 높여 제출하기로 했어요.

2017년 미국의 도널드 트럼프 대통령은 이 협약에서 탈퇴한다고 선언했어요. 트럼프는 대선 후보자 시절부터 온실가스를 줄이는 데 힘을 쓰면 미국 경제에 해가 된다고 주장해 왔어요. 미국은 전 세계에서 탄소를 두 번째로 많이 배출하는 국가지요.

7. 세계 푸른 하늘의 날 (블루 스카이 데이)

2019년 9월 23일 우리나라 문재인 대통령은 유엔 연설 당시 "대기질 개선을 위해서는 공동 연구와 기술적 지원을 포함한 초국경적인 국제 협력과 공동 대응이 필요하다"며 세계 푸른 하늘의 날 지정을 제안하였어요. 우리나라가 처음 제안한 것으로 전 세계적으로 기후변화 대응의 인식을 높이자는 취지였지요. 제74차 유엔 총회에서 '세계 푸른 하늘의 날'을 지정하는 결의안을 채택하여 유엔의 공식 기념일로 지정되었어요. 2020년 9월 7일이 첫 번째 '세계 푸른 하늘의 날'이 되는 거예요.

환경용어사전

1. 녹색 생활이란 무엇일까요?

기후변화의 심각성을 인식하고 일상생활에서 에너지를 절약하여 온실가스와 오염 물질의 발생을 최소화하는 생활을 말해요.

2. 환경재난이란 무엇일까요?

환경재난은 자연재난과 사회재난 두 가지를 모두 포함하는 용어예요.
자연재난은 기후변화로 인한 홍수, 태풍, 지진 등의 재난을 말해요. 사회재난은 유해 화학물질 유출, 대규모 수질 오염, 화재, 폭발, 환경 오염 사고 등 사고로 인해 발생하는 재난을 말하지요.

3. 친환경 에너지타운이란 무엇일까요?

친환경 에너지타운에서는 폐자원을 이용해 에너지를 생산하고 이를 지역 주민에게 공급해요. 환경과 에너지 문제를 동시에 해결할 수 있는 지속 가능한 자원 순환형 마을이지요.
소각장, 매립장, 분뇨처리장과 같은 폐자원 처리 시설을 활용하여 재생 에너지를 생산해요. 또한 재생 에너지 보급 비율을 높여 화석연료 소비와 온실가스 배출량을 줄이지요. 마을에서 직접 생산한 전력을 자체 소비하여 수요처와 공급 지역 간에 발생되는 문제를 줄이게 되는 거랍니다.

우리나라 최초의 친환경 에너지타운은 강원도 홍천에서 시작되었어요. 환경 기초 시설이 밀집되어 있는 강원도 홍천군 북방면 소매곡리는 쓰레기로 인한 악취와 인구 감소 문제가 심각한 곳이었어요. 57가구 127명이 살고 있었지요. 그런데 홍천 마을 주민이 주도적으로 참여하고 관계 기관과 협업 체계를 구축하여 냄새 나는 시설을 에너지 시설로 바꾸는 기적이 일어났어요.

이곳에서는 바이오가스화 시설, 퇴·액비 시설, 태양광 발전 시설, 소수력 발전 시설 등 재생 에너지 시설을 통해 연간 2~3억의 순수익을 올리고 있답니다.

4. 미세먼지란 무엇일까요?

공기 중에 떠다니는 미세한 먼지를 미세먼지라고 해요.

미세먼지는 꽃가루, 산불 등 자연적인 이유로 발생하기도 하지만 대부분 보일러나 자동차, 발전 시설 등에서 연료를 태울 때 발생해요. 특히 난방용 연료 사용이 증가하는 겨울철에 고농도로 발생하지요.

국외에서 유입된 오염 물질도 영향을 미치는데, 연구에 의하면 대기오염 물질 중 30~50퍼센트 정도가 국외에서 유입되는 것으로 밝혀졌어요.

미세먼지는 결막염 등 안과 질환과 천식, 기관지염 등 호흡기 질환을 유발해요. 아주 작은 미세먼지는 폐를 통해 혈관에 침투해 협심증, 뇌졸중 등 심혈관 질환과 뇌질환까지 유발하지요.

미세먼지가 많을 때는 가급적 외출을 삼가고, 외출할 때에는 마스크를 꼭 하고 나가는 것 잊지 마세요.